AF263130

OBSERVATIONS

D E S *Citoyens Propriétaires des Domaines congéables, au canton de Trégutier et communes voisines, tant sur la loi du 9 Brumaire, que sur le décret du 9 Juin 1791, lues au Conseil des Cinq-Cents, le 23 Ventôse dernier, et renvoyées à l'examen de la Commission.*

QUEL est donc ici l'acharnement contre la tenue convenancière ? Il est si évidemment prouvé et reconnu qu'elle a une origine antérieure de plus de 400 ans à tout régime féodal, et qu'elle n'a pu en être réputée dépendante.

Il est également constant que de l'avis de la société d'agriculture, il n'est pas de mode plus avantageux, pour le colon, comme pour le foncier , que le bail à convenant.

Ce contrat n'est que l'effet d'une convention réciproque entre le foncier et le colon , d'où il a même pris son nom de convenant ; les causes et les effets en sont le plus énergiquement établis par l'art. III de l'Usement d Tréguier , conçu en ces termes :

« La forme et les causes de l'établisse-
» ment des convenans congéables sont
» que quand le propriétaire d'une maison
» et terres de campagnes a besoin d'argent,
» qu'il veut s'assurer les rentes d'une ter-
» re éloignée et n'avoir pas l'embarras
» d'en faire continuellement les répara-
» tions, il donne sa terre , maison et su-
» perfices à convenant ou domaine con-
» géable, à la charge d'une rente annuelle,
» de laquelle on convient, pour en jouir
» le preneur , sauf les droits du foncier
» et propriétaire de le congédier et expul-
» ser , toutes fois et quantes le rembour-
» sant de ses droits convenanciers à dire
» de priseur ».

Cette nature de contrat présente t-elle

donc autre chose qu'un engagement de la part du foncier des droits superficiels de sa propriété , avec la rétention la plus absolue du fonds et la liberté la plus illimitée de rentrer à volonté dans ces droits superficiels, par la voie du congément à dire d'experts ?

Si la forme de ce contrat ne peut rien renfermer de féodal , quand le bailleur ne possède aucun fief, supposât-on même, lors de ce contrat, le foncier seigneur de fief , il ne participerait pas davantage au vice de la féodalité , parce que ne transférant au preneur aucune partie du fonds, mais seulement des droits superficiels , et encore précairement , ce contrat se trouve par sa nature en opposition avec toute féodalité , parce que , pour constituer une féodalité, il faut une aliénation absolue du fonds.

Mais, lors même que l'on pourrait supposer , ou trouver , dans ce contrat d'un propriétaire seigneur de fief au colon , quelques indices de féodalité , n'ont-ils pas été supprimés et proscrits par l'art.

II du décret du 7 Juin 1791 , sous la réserve de l'arentement foncier.

Cette vérité, reçue après sept années de débats les plus vifs et de discussions les plus approfondies , a été à peine consacrée par la loi du 9 brumaire dernier , que quatre jours après, sous le spécieux prétexte de féodalité au décret du 7 Juin 1791 , qu'il remet en vigueur, on s'est indirectement permis de l'attaquer.

Est-ce donc là le respect dû à la chose jugée ? Plus donc de loix stables, plus de droits sacrés ni de l'homme ni de la propriété , si une pareille prétention pouvait être écoutée.

Le décret du 7 juin 1791 , loin de renfermer aucun vice de féodalité , les a tous supprimés avec la plus grande attention , et s'il y avait quelques dispositions à retrancher , ce seraient les articles XI et XXIII , dont le premier donne au colon la liberté de forcer son foncier au remboursement de ses droits à l'expiration de sa baillée , contre la loi expresse du contrat qui la laisse toujours à la liberté du foncier ; et dont le second autorise le colon, d'après l'appréciation de ses droits, à les mettre en vente avec la propriété de la rente foncière , si mieux n'aime le propriétaire lui abandonner sa rente foncière.

Que d'inconvéniens ! que de préjudices pour le foncier dans l'un comme dans l'autre de ces deux articles! Le premier contraste avec la première disposition du contrat , qui laisse la liberté indéfinie au foncier de rembourser à sa volonté son colon. Fût-il jamais permis de déroger à la volonté déclarée des parties , lorsqu'elles ne nuisent en rien à l'ordre public ? que deviendrait la liberté des conventions ?

Vous l'avez vu, citoyens représentans, le foncier ne donne sa propriété à convenant, que par un besoin d'argent et pour se dégager des réparations , et l'art. II permet au colon , contre la loi de son contrat, de forcer son foncier à son remboursement, si mieux il n'aime lui abandonner et sa propriété et sa rente foncière.

Le second de ces deux articles est

d'autant plus accablant pour le foncier , que le plus souvent il a cédé, pour la plus mince valeur, des droits superficiels qu'il ne rembourserait pas avec trente fois les deniers de la commission qu'il a reçue , et le capital de la rente foncière qu'il s'est réservée. Posons-en ici l'exemple :

Un propriétaire chargé d'une ancienne maison à donjons ruinés , la donne à titre de convenant pour 600 liv. de deniers d'entrée , et une rente de 30 liv. Cette maison mise en prisage , eu égard aux ornemens d'architecture et à la masse énorme des matériaux , sera prisée 5 et 6000 liv. , il faudra que le malheureux foncier compte ces 6000 liv. à son co- lon, ou qu'il perde avec sa foncialité sa rente de 30 liv. que la foi de son contrat lui avait assurée.

Si le législateur, plus instruit des prin- cipes des convenans, y avait vu que le colon avait deux moyens les plus libres de se défaire de ses droits superficiels , le premier par une vente volontaire , le second par l'exponse , il se fut épargné l'injustice , soit de permettre au colon de·

forcer son foncier au remboursement, et encore plus extraordinaire de l'obliger, sous peine de perdre sa rente foncière à un remboursement, contre la loi de son contrat.

De toutes les différentes espèces de baux, de l'avis unanime tant de la société que du comité d'agriculture, il n'y en a pas de plus avantageux, tant pour le colon que pour le foncier, que la tenure convenancière.

Que l'on parcoure les propriétés à domaine congéable, soit rurales, soit des villes, on y distingue du premier coup d'œil le convenant des autres biens tenus à cens ou à ferme. La raison en est également simple et palpable. Le colon pour l'ordinaire est stable et remboursé en cas de congément de toutes ses améliorations; il les augmente toujours, soit par de nouveaux défrichements ou autres cultures. Le fermier, au contraire, qui n'est que détenteur précaire, appauvrit de plus en plus sur les dernières années de sa jouissance une terre qu'il va quitter; et de là la différence de culture entre le colon et le fermier.

Quel est donc le but secret de tant de clameurs indécentes contre le domaine congéable et les hommes probes qui en ont soutenu les avantages, malgré les désagrémens qui en sont les suites ordinaires? on les trouve dans les mémoires des colons, ou plutôt de quelques intriguans qui ont profité de leur simplicité pour les pressurer et pour parvenir aux fonctions publiques.

Est-il donc, après cela, étonnant de voir leurs mémoires remplis de ces principes machiavéliques, qu'il vaut mieux persister en une injustice, que de la réparer?

Croit-on que le peuple français, qui a acheté de tant de peines et de sang une révolution qui doit assurer ses droits, sa propriété et son bonheur, n'aurait fait tant de sacrifices que pour se voir gouverner par des loix Africaines?

On reconnaît l'injustice de la loi du 27 août 1792, on reconnaît l'insuffisance des remboursemens, et on ose, sans rougir, demander à des législateurs ou son main-

tien ou même sa suppression avec de nouveaux lucres ; car on pousse la frénésie au
point de demander le maintien du décret
du 29 floréal an II , rédigé définitivement
le 2 prairial suivant ; décret qui , s'il n'est
pas le fruit de l'ignorance , est celui de l'injustice la plus criante.

Comment les colons osent-ils dire que
la masse d'assignats avec laquelle ils ont
remboursé leurs propriétaires , était le
prix des réquisitions exercées sur eux ?
Ces réquisitions pesaient toutes sur les
propriétaires ; car personne n'ignore que
les colons avaient le plus grand soin de
ne verser dans les greniers publics que
les grains qu'ils devaient à leurs propriétaires, et qu'ils lui apportaient en paye-
ment les assignats qu'ils avaient reçus.
Personne n'ignore qu'ils vendaient frau-
duleusement, et en numéraire, les grains
qui leur restaient, et qu'ils échangeaient
ce numéraire contre des assignats, et qu'ils
remboursaient ensuite, avec le produit
d'un ou deux boisseaux de froment, douze
ou quinze boisseaux. Qu'on cesse donc de
s'appitoyer sur le sort des colons. Le pro-

priétaire est le seul qui ait souffert, et, tandis que lui et sa famille périssaient de misère, son colon était dans l'abondance, et s'enrichissait.

Le propriétaire est-il moins cher et moins utile à la république que le colon? A-t-il rendu à la république moins de services que le colon? On vous dit, citoyens législateurs, que les enfans des colons peuplent les armées de la République. Il est parmi les colons des individus qui sont attachés au gouvernement républicain ; mais c'est le petit nombre. La majeure partie des enfans des colons ont quitté les drapeaux de la république ; ils sont presque tous dans leurs foyers. Beaucoup d'entr'eux se sont enrôlés dans les chouan , et ont puissamment secondé les efforts des ennemis de la France. Les enfans des propriétaires dépouillés soutiennent l'honneur de la France; ils ne sont point rentrés dans leurs foyers, ils cueillent des lauriers aux frontières, tandis que de lâches déserteurs s'enrichissent de leurs dépouilles. Jugez actuellement, citoyens législateurs, lequel du colon ou du propriétaire mérite le plus votre sollicitude.

Quand le décret du 27 août 1792 a autorisé les remboursemens des rentes convenancières, du moins on y avait inséré la condition qu'elles ne pourraient être remboursées qu'au denier vingt pour les rentes en argent, et au denier vingt-cinq pour les rentes en denrées. Les colons ont-ils exécuté cette condition? Prenons un seul exemple sur des milliers. La baillée et l'extrait de consignation qui on t été joints au mémoire lu au conseil, et renvoyés à la commission, en fournissent la preuve.

Une baillée convenancière du 7 novembre 1788, accorde au colon une nouvelle jouissance de 9 ans, sous la redevance de 21 liv. l'an et de 600 liv. de commission. Cette dernière somme, doublée avec un dixième en sus pour compléter les vingt années, forme celle de 1320 liv., à laquelle ajoutant 420 liv. pour le rachat de 21 liv. de rente, les deux sommes forment ensemble celle de 1740 liv.

Qu'a remboursé le colon par sa consignation du 21 messidor an III? 442 livres en assignats pour principal, levées et prorata. Les 100 liv. en assignats valaient alors, suivant l'échelle de proportion 4 l. 1 s. 10 deniers; c'est donc pour 16 livres 3 s. 4 d. en numéraire effectif que le propriétaire d'une foncialité de 1740 livres a été dépouillé, de l'aveu même du colon. Est-ce un vrai remboursement? N'est-ce pas plutôt un vol qualifié ainsi par le décret du 25 messidor? Les propriétaires qui se sont soumis à la loi, ont reçu leurs principaux dans la même proportion, et souvent même au-dessous, en vertu de sommation; ne sont-ils pas à plaindre? et ne sont-ils pas en droit de demander que justice leur soit rendue?

En vain, pour colorer l'injustice de leurs prétentions, les colons opposent-ils à la république les aliénations par elle faites de quelques parties de ces rentes convenancières qui lui sont échues, soit par consolidation ou confiscation. L'objection est ici d'autant plus puérile, que la réponse y est donnée d'avance par l'article XIX du décret du 27 août 1792, portant que l'acquéreur de pareils biens en réclamera son indemnité vers elle, en conséquence de la défense faite précédemment d'aliéner des biens de cette nature.

Celle sur la vente de pareils biens de pères et mères d'émigrés, en conséquence du séquestre provisoire établi sur leurs biens, est également inadmissible, 1°. parce qu'un séquestre provisoire ne donne aucun droit à la propriété ; 2°. que la nation l'a si bien reconnu qu'elle en a toujours défendu la vente ; 3°. que dans le cas de remboursement permis au colon par l'article IV du décret du 10 juillet 1793 , elle a autorisé les pères et mères d'émigrés, par l'article V du même décret, à replacer ces fonds soit en biens de maisons ou terres, ou à les laisser à leur choix au trésor public , sous l'intérêt de 5 pour 100 des capitaux.

C'est donc ou par défaut de discernement, ou par mauvaise foi, que l'on a prétendu assimiler les biens séquestrés des pères et mères d'émigrés , aux biens nationaux avec lesquels ils n'ont aucun rapport , parce que la république a la propriété incommutable des biens nationaux.

(14)

Tout concourt donc à faire rejetter l'effort que l'on se permet contre la loi du 9 brumaire dernier. Vous avez reconnu, citoyens législateurs, d'après les mémoires nombreux que plus de sept ans de discussion ont produits, que la tenure convenancière n'étant que l'effet de la simple convention du propriétaire d'un fonds quelconque, en contenant toujours une réservation légale de ce fonds, avec une faculté perpétuelle de remboursement et de reprise des édifices, on ne pourrait y voir n'y feindre aucun caractère de féodalité, qui pût assujettir les convenans même dépendans de fief, à la suppression prononcée par la loi du 17 juillet 1793.

Vous avez aussi maintenu, par la loi du 9 brumaire, le propriétaire foncier aux dispositionsdu décret du 7 juin 1791, et vous l'avez aussi réintégré dans cette propriété dontson colon prétendait l'avoir dépouillé, sous le prétexte d'un jugement ou d'une consignation forcée faite dans une monnaie devenue illusoire.

S'il était quelque chose à réformer dans la loi du 7 juin 1791, ce seraient les art. II

et XXIII de cette loi , qui sont contrai-
res à la nature du pacte convenancier ,
pacte qui ne permet pas au colon de pro-
voquer lui-même son remboursement ,
dont la faculté après le terme de l'assu-
rance est absolument à la disposition du
foncier.

C'est ainsi , citoyens législateurs , que
vous assurerez, par une loi absolue et défi-
nitive , la justice et la possession tranquille
si évidemment due aux propriétaires fon-
ciers, et que vous rappelerez en même
temps le trésor national à une perception
portée sans exagération à une somme de
120 millions.

*Suivent les signatures des propriétaires
au nombre de 145.*

De l'Imprimerie de VATAR - JOUANNET , rue
Cassette , N°. 913.